BARREAU DE PARIS

ÉLOGE

DE

JULES FAVRE

DISCOURS

Prononcé à l'ouverture de la Conférence des Avocats

Le 27 Novembre 1882

PAR

Georges DAGUILHON-PUJOL

DOCTEUR EN DROIT,

AVOCAT A LA COUR D'APPEL.

PARIS

ALCAN-LÉVY, IMPRIMEUR DE L'ORDRE DES AVOCATS
61, rue de Lafayette, 61

1882

ÉLOGE

DE

JULES FAVRE

ÉLOGE

DE

JULES FAVRE

DISCOURS

Prononcé à l'ouverture de la Conférence des Avocats

Le 27 Novembre 1882

PAR

GEORGES DAGUILHON-PUJOL

DOCTEUR EN DROIT,
AVOCAT A LA COUR D'APPEL.

IMPRIMÉ AUX FRAIS DE L'ORDRE

PARIS

ALCAN-LÉVY, IMPRIMEUR DE L'ORDRE DES AVOCATS
61, rue de Lafayette, 61

1882

ÉLOGE

DE

JULES FAVRE

———

Monsieur le Bâtonnier,

Messieurs et Chers Confrères,

Les hommes qui dévouent leur vie à de nobles
causes, poursuivent dans des conditions bien diverses
une tâche parfois périlleuse, souvent ingrate, toujours digne de louange. Les plus heureux — ceux
qui n'occupent pas le monde du bruit de leur
renommée, — marchent par une voie presque facile.
Cherchant le bien avec modestie, l'accomplissant avec
simplicité, ils n'ont à compter qu'avec eux-mêmes.
D'autres ont en partage de plus retentissantes destinées. Leur vie est un combat. Ah! pour ceux-là, le
devoir est autrement difficile, et leur mémoire reste
toujours plus ou moins discutée, dans une société dont
il leur a fallu subir les entraînements et les passions.
Mais si, durant la lutte qu'ils ont vaillamment affron-
tée, ils sont restés fermes dans leurs principes, persé-
vérants dans leur but, eussent-ils commis des erreurs

ou des fautes, la Postérité s'incline devant cette unité d'existence, signe des âmes fortement trempées, et lorsqu'à ce signe, le talent a ajouté son auréole, elle désigne à ces hommes une place dans l'histoire de leur pays.

C'est ce qu'elle a déjà fait pour Jules Favre.

A vingt ans, il a au cœur deux passions. Il aime sa profession, et ce sentiment, premier élan de son âme, aux derniers jours la remplit encore et fait naître ses plus beaux accents. Il a aussi une autre foi : une conviction politique profonde, et cette autre passion de sa jeunesse le suit jusqu'au bout de sa carrière, sans s'éteindre ni s'attiédir aux désenchantements de la vie publique.

La défense du droit, le culte de la liberté, tel est le double objet de son incessant labeur, à la Barre, à la Tribune, à l'Académie, partout où il peut leur prêter l'appui de sa parole ou de sa plume. C'est au service de ces deux grandes causes qu'il met d'abord l'ardeur de ses jeunes années, et, plus tard, l'art consommé qui l'a placé au premier rang des orateurs de son temps.

Né à Lyon, le 21 mars 1809, Gabriel-Claude-Jules Favre appartenait à une famille de négociants qui entretenait avec l'Italie des relations d'affaires considérables. La fortune n'était pas sans importance ; mais des pertes, survenues en 1815, la compromirent. La mort du père de famille vint, peu après, ajouter une grande douleur à ce désastre. A moins de douze ans,

Jules Favre restait seul au monde avec sa mère, qui fit dès lors de l'éducation de son fils le but unique de sa vie. Née pendant la Révolution, elle était de la génération vigoureuse qui avait grandi, forte et fière, au milieu de ces jours d'orage. Catholique fervente, puisant dans sa foi un courage sans défaillance, elle était vigilante, ordonnée, infatigable; et le jour, tôt venu, où son instruction fut dépassée par celle de son fils, elle apprit le latin et le grec, pour être au moins répétiteur, ne pouvant plus être maître. Elle n'avait qu'une pensée : faire de son enfant un homme capable de supporter, suivant les variations de la fortune, le poids ou l'honneur de la vie; et s'il est vrai que les premiers enseignements de la mère — mêlés de tendresse et d'angoisse — laissent plus que tous autres leur empreinte dans l'existence d'un homme, Jules Favre leur a dû une large part de sa destinée.

Il fit ses études au Lycée de Lyon, et les succès que chaque année apporta furent la première récompense des efforts maternels. C'était un écolier appliqué, réfléchi, studieux. A l'âge où l'on joue, il aimait moins le jeu que le travail, et ce désir ardent de s'instruire, qu'il satisfaisait par de nombreuses lectures, l'éloignait presque constamment des plaisirs de ses camarades. L'étudiant devait bientôt continuer, exagérer même les habitudes de l'élève.

Le moment était venu où le fils allait quitter sa mère pour suivre les cours de droit à Paris.

Jules Favre, bien que son cœur souffrît à l'idée de cette séparation, n'en était pas moins impatient de la vie nouvelle qui lui ouvrait ses horizons. Ce n'était pas chez lui un vague désir d'affranchissement. Il s'inspirait d'idées plus hautes. Il sentait naître, avec sa liberté entière, sa pleine responsabilité, et l'indépendance de sa vie lui apparaissait comme une sérieuse épreuve.

Le voici au quartier Latin. Il se met à la tâche avec une volonté de travail qui restera inébranlable, et son plan d'études, fixé dès le premier jour, sera observé, sans un seul moment d'oubli, pendant les trois années d'Ecole.

Ce plan n'est pas celui qu'adoptent d'ordinaire les étudiants. Par une coutume de leur âge — qui fut, je crois, de tous les temps — ils font un partage plus éclectique entre l'étude et ses délassements. Jules Favre, lui, travaillera sans trêve. Un renoncement absolu aux plaisirs du monde est la première loi qu'il s'impose. Cet amour du travail, qui devint plus tard chez lui une impérieuse habitude, est assurément un des traits les plus marquants de sa jeunesse. Aussi, me pardonnerez-vous, Messieurs — vous surtout, mes jeunes confrères — de vous retenir un instant dans la vie de l'étudiant et de demander à ses récits intimes l'histoire de ses premiers jours de labeur.

« Debout à cinq heures, il se couchait à onze, et
« quand le sommeil menaçait de l'envahir, il le domi-
« nait en travaillant à genoux. Il avait tout combiné

« pour ne pas perdre une minute de son temps, qu'il
« économisait comme un avare son trésor. Prenant
« ses repas dans l'hôtel qu'il habitait, il ne descen-
« dait jamais que lorsque le dîner ou le déjeuner
« étaient commencés et remontait toujours au
« moment où l'on apportait le dessert. Il avait pris
« l'habitude de courir dans les rues ; et il calculait
« que ces procédés fort simples lui faisaient gagner
« chaque jour plus de trois quarts d'heure. Le
« dimanche, il écrivait à sa mère une longue lettre :
« c'était sa seule distraction » (1).

Le succès manque rarement aux efforts d'une volonté si ferme, et j'ai à peine besoin de dire que Jules
Favre réussit à l'Ecole de Droit, comme naguère
au Lycée. Dès lors, il marcha résolument vers la
carrière à laquelle l'appelait une vocation irrésistible : il se prépara à aborder le Barreau. Mais là,
plus peut-être que partout ailleurs, il faut savoir
manier ses armes. Où trouverait-on, pour cette pré-
paration au combat, meilleure école que dans les
premières discussions des Conférences, luttes aussi
ardentes qu'inoffensives, mais qui, pour nous, ont
quelque chose qui entraîne, — comme pour le
soldat une première odeur de poudre. Jules
Favre sut ne pas céder trop tôt à cet entraîne-
ment. Il ne voulait s'engager que bien assuré de
ses forces. Il hésitait d'ailleurs sur le choix d'une

---

(1) Henri Belval.

méthode, et il nous dit ses perplexités à ce sujet.

Il consulta les maîtres les plus célèbres ; chacun lui répondit différemment. « A entendre le premier, « il devait écrire d'un bout à l'autre son discours et « l'apprendre par cœur. Tel était le seul moyen de « se faire un style sûr et de parler purement. Gardez- « vous bien, lui disait le second, d'adopter un sem- « blable procédé. En surchargeant votre mémoire, « vous brisez le ressort de la pensée. Votre esprit « court après la phrase et ne peut rien concevoir en « dehors d'elle. Méditez, n'écrivez pas une ligne. Un « troisième lui conseillait de se façonner aux tirades. « Un quatrième les proscrivait comme une insulte « au goût » (1).

Favre regagnait son cinquième étage assez décou-ragé par ces avis contradictoires. Néanmoins, il se sentait attiré invinciblement par la perfection de la forme. « Il s'étudia donc à concevoir une forme dont « il fixait sur le papier les principaux éléments, s'en « servant comme de motifs à chacune de ses phrases. « Ainsi guidé, il prononçait un discours à haute voix « sans se laisser asservir par les mots, et, s'efforçant « d'employer ceux qui lui paraissaient rendre le plus « fortement sa pensée, il le répétait ainsi jusqu'à dix « ou douze fois » (2).

Cette manière devint plus tard le mode familier de ses discours, et lorsque, tout à l'heure, nous le ver-rons à la Barre, prononçant des plaidoyers composés

(1-2) Henri Belval.

presque mot à mot, ou répondant à ses adversaires par des répliques soudaines, nous conviendrons qu'il ne pouvait choisir de meilleure méthode, si c'est à celle-là qu'il doit d'avoir parlé, même dans ses improvisations, une langue incomparable.

Quand Jules Favre monta à cette première tribune des conférences, il était prêt. Ses débuts furent de grand succès. C'est au cours de ses triomphes de jeunesse, qu'il soutint, le 7 août 1830, sa thèse de Licence. Quelques jours après, il retournait à Lyon et se faisait inscrire au Barreau de cette ville.

Je voudrais, messieurs, marquer, à l'entrée même de la carrière de Jules Favre, l'attachement qu'il voue à sa profession. Et d'abord, pour lui, il en faut une. « La profession, a-t-il écrit plus tard, c'est le titre de « noblesse de l'homme moderne ; c'est ce qui lui « donne sa véritable importance ; c'est ce qui le « sépare de la tourbe des fainéants et des inutiles « qui n'ont jamais été, pour les nations, qu'un « embarras et un danger. C'est ce qui lui permet de « rendre des services, et je ne sache pas qu'il soit « possible de résumer plus exactement la véritable « source des joies humaines, auxquelles l'homme doit « s'attacher » (1).

S'il est une profession qui permette de rendre des services, c'est assurément celle à laquelle il s'est voué. Aussi, devient-elle pour lui l'objet d'un véritable

(1) De l'amour de sa profession. Conférence faite le 21 mars 1869, au théâtre du Prince Impérial.

culte. Un des effets de cet amour professionnel — sur lequel je ne veux aucunement entreprendre une étude psychologique — est de nous rendre fort sensibles à la perte de nos procès ; et ce sont là, hélas ! trop fréquentes éventualités pour qu'un stagiaire lui-même n'en puisse parler avec quelque expérience. Il est bien difficile alors de cacher son humeur. Le sang-froid, — j'allais dire la résignation — sont rarement qualités de jeunesse, surtout chez des natures ardentes et impressionnables comme celle de Jules Favre. Aussi, faillit-il, un jour, avoir par là quelque souci.

Il défendait un journal lyonnais, *le Précurseur*. Le journal fut condamné. Jules Favre riposta au jugement par un article violent. On le traduisit en police correctionnelle. Mᵉ Sauzet, un ami et un compatriote, vint l'assister. Jules Favre, avant que son défenseur prît la parole, désira présenter quelques observations au Tribunal. Tout en acceptant la responsabilité de l'article, il n'eut garde de méconnaître l'ardeur excessive qu'il avait mise à soutenir les intérêts de son client, même au delà du procès, et il ajoutait, avec une généreuse fierté : « Notre profession serait « une dérision indigne si l'intérêt que nos clients « nous inspirent s'éteignait avec une plaidoirie ! »

Le tribunal fut heureux, je suppose, de pouvoir écarter la poursuite en annulant la citation pour vice de forme ; mais le Conseil de l'Ordre, n'ayant pas à sa disposition le même moyen de procédure, dut suspendre, pour un mois, le jeune avocat.

Le mois suivant — en avril 1834 — Jules Favre pouvait prononcer à la Barre son premier grand plaidoyer.

La cause touchait de près à.la politique ; mais c'est surtout la liberté, qui allait planer sur ce premier débat, où Favre eut à défendre contre une prévention de coalition illicite, les chefs d'ateliers *mutuellistes* de Lyon.

Le temps n'était pas encore venu où le droit de se coaliser serait considéré comme une conséquence légitime de la liberté du travail et de l'industrie. Toute coalition d'ouvriers tombait alors sous l'application du Code pénal. La cause ouvrait libre carrière aux élans généreux du jeune avocat, et l'émotion d'une foule considérable, qui entourait le Palais, stimulait encore son ardeur.

Jules Favre ne pouvait longtemps, en une pareille affaire, se maintenir dans la discussion des dispositions pénales invoquées contre ses clients. En relisant ce plaidoyer, on sent, à chaque instant, qu'un coup d'aile l'élève « dans ces régions sublimes — « ainsi qu'il dit — où les vastes problèmes sociaux « sont tenus en réserve ». Avec quelle fougue il s'indigne contre une disposition qui n'est à ses yeux qu'une loi d'oppression et de désordre ! Avec quelle éloquence il implore pour des hommes qui n'ont cherché qu'à lutter contre la misère, qui veulent le travail, car ils savent bien que, pour eux, le repos, c'est la ruine ! Mais peut-être dépasse-t-il la mesure quand, après avoir témoigné au travailleur son ardente sollicitude, il nous montre la société indifférente, « croyant s'acquitter envers lui en lui donnant « un coin de terre, un fossoyeur et un prêtre. » Paroles plus propres à enflammer les passions qu'à préparer l'œuvre de pacification que l'avocat demandait au tribunal d'accomplir ; excès de langage qui trahissent les imperfections d'un grand début, mais qui n'effacent, dans le coup d'essai du jeune maître, ni la puissance de l'argumentation, ni l'émotion des accents du cœur, ni surtout ce sceau particulier qui marque tous les grands plaidoyers de Jules Favre, cette tendance à interpréter la loi par les principes du droit naturel, à s'attacher moins au texte qu'à la raison dont s'est inspiré le législateur, à plaider moins sur les faits mêmes de la cause que sur les considérations générales où ils trouvent leur origine et leur explication. Sans doute, ce penchant a ses dangers, et l'esprit qu'une discipline sévère ne prémunirait pas contre ses abus courrait risque de s'égarer parfois; mais, avec Favre, nous ne songeons qu'à admirer l'ampleur et le développement majestueux que cette manière donne à sa plaidoirie.

L'affaire des chefs d'ateliers *mutuellistes* fonda la réputation de Jules Favre. Trente ans plus tard (1), les idées que le jeune avocat avait défendues à la Barre, avec l'ardeur de son âge, l'homme politique, dans toute la maturité de son expérience et de son talent,

(1) Corps Législatif. Séance du 30 avril 1864.

les défendait à la tribune du Corps législatif, et il ne dut point, j'en suis certain, demeurer indifférent à l'heureuse fortune qui lui permit de soutenir, dans une discussion mémorable, la cause à laquelle il devait le premier succès de sa vie.

Les chefs lyonnais n'oublièrent point leur défenseur. Traduits, l'année suivante, devant la Cour des Pairs, comme affiliés à un complot contre la sûreté de l'État, ils firent une seconde fois appel à son dévouement.

Le caractère de l'accusation, l'émotion qu'elle a soulevée, le nombre et la qualité des accusés, la juridiction devant laquelle ils comparaissent, tout concourt à donner un grand retentissement au procès.

Les débats s'ouvrent le 5 mai 1835. Jules Favre est à la Barre. Ce n'est pas sans quelque étonnement — et peut-être sans quelque sollicitude — qu'on voit, à côté des hommes politiques les plus considérables de l'opposition, ce jeune homme de vingt-six ans.

Sa taille est haute, sa pose digne : déjà, tout en lui dénote un homme grave. Des cheveux noirs, rejetés en arrière un peu en désordre, encadrent, avec un collier de barbe, une figure aux traits irréguliers, mais énergique, presque étrange, qui porte la trace de méditations précoces et d'une ardeur contenue. Le front est large et ouvert. D'épais sourcils assombrissent les yeux et leur donnent une apparence trompeuse de dureté. La lèvre inférieure proéminente imprime un cachet de dédain à cette physionomie dont il semble que le masque s'étudie à rester impassible ; mais on devine les émotions qui agitent à ce moment le jeune maître.

Dès le début de l'affaire, un incident se produit. Beaucoup d'accusés, usant d'un droit que semble leur donner la juridiction politique devant laquelle ils sont traduits, ont pris leurs défenseurs hors des rangs du Barreau. Mais la Cour vient de statuer, par arrêt, que des avocats pourront seuls se présenter à la Barre. Cette mesure est accueillie par les protestations unanimes des accusés. La séance levée, ils se concertent. Les uns se refusent à comparaître plus longtemps devant la Cour ; d'autres veulent assister aux débats, sans y prendre part ; d'autres enfin, plus résignés ou plus confiants, acceptent dans les conditions qui leur sont faites la juridiction des Pairs. Le désaccord règne aussi parmi leurs Conseils. La très grande majorité est d'avis de s'abstenir de paraître au banc de la Défense. Jules Favre combat cette proposition avec énergie. Impuissant à convaincre ses confrères, il n'en demeure pas moins résolu de donner son concours à tous ceux des accusés qui le réclameront.

Il reste donc à la Barre de la noble assemblée. Ce n'est pas assurément qu'il s'en dissimule les dispositions hostiles ; mais il sait qu'il fait son devoir. Il est là, surmontant l'émotion de son inexpérience, la crainte de son isolement. Il est là, prêt à supporter, seul, l'effort de l'accusation et le poids du procès, le cœur protégé contre toute défaillance par la passion de la défense. Ne vous semble-t-il pas déjà, Messieurs, entrevoir, à cette heure difficile, l'athlète puissant qui, un jour, remuera l'opinion?

Jamais, à coup sûr, J. Favre ne révéla plus fièrement, au cours de sa carrière, les deux qualités maîtresses de notre ordre : l'indépendance et le dévouement professionnel.

L'indépendance, ce point d'honneur du barreau où, par une rare bonne fortune, nous pouvons l'exercer tout à la fois vis-à-vis du Pouvoir et vis-à-vis de nos amis, Favre n'y était pas attaché seulement par devoir ; il l'aimait par nature. Pas un seul jour, il n'a voulu l'abdiquer, et, arrivé aux heures difficiles de sa vie, il n'accepta jamais de rompre avec une fidélité qui devait lui coûter tant de sacrifices.

Mais j'admire, à l'égal, ce dévouement professionnel qui, dans un cœur agité par toutes les passions d'une ardente foi politique, et à un âge où les désillusions n'avaient pu encore les calmer, fait prévaloir les devoirs de l'avocat sur les entraînements de l'homme de parti. Si celui-ci conseille de répondre à la mesure politique de la Cour des Pairs par une démonstration politique de la défense, celui-là voit, avant tout, des accusés qu'on va juger. Qu'importent les conseils et les susceptibilités de l'esprit politique? Qu'importe la suspicion qui pèse sur la Cour? Qu'importe l'inutilité présumée des efforts de l'avocat? Le sentiment du devoir demeure in-flexible. Il y a une défense à présenter : la Barre ne restera pas déserte!

Ce fut seulement le 17 et le 18 juillet que Jules Favre prononça son plaidoyer. — L'heure est venue; il se lève. L'attitude énergique prise par lui aux débats fait pressentir quelle sera la franchise de sa parole : « Vous êtes un corps politique, dit-il aux membres « de la Cour des Pairs, vous n'êtes pas un tribunal. « Chez un corps politique, il peut y avoir la loi de « la nécessité, ou celle de la générosité, mais il ne « saurait y avoir de justice. » La défense devait donc être nécessairement politique. Quelles sont les causes de l'insurrection? Les semences révolutionnaires n'ont-elles pas été jetées par le pouvoir lui-même et par la fatalité de la position qu'il a prise? L'histoire de l'Association *mutuelliste*, son organisation, son but, tout établit qu'elle n'a eu aucune part aux san-glantes journées d'Avril. Puis, le défenseur devenant à son tour accusateur : « Les faits, dit-il, accusent-ils « ceux qui sont sur ces bancs ou bien les hommes du « gouvernement? » Et après avoir développé cette pensée devant une assemblée, dont il a fini par con-quérir le silence et l'attention, il termine en s'adres-sant ainsi au ministère public : « Vous avez fait votre « réquisitoire; voilà le mien. Ils resteront tous deux « affichés à la porte de ce Palais et nous verrons lequel « durera davantage, lequel la France lira avec le plus « d'indignation. »

Certains passages de ce plaidoyer ne peuvent sans doute échapper au reproche d'être un peu emphatiques et déclamatoires, surtout si nous oublions la solennité du débat et la pompe qu'elle exigeait. Mais combien ces légères taches disparaissent devant le puissant effort oratoire, la vigueur de la discussion, la beauté des tableaux, les élans de la passion, tout ce mouvement qui anime encore aujourd'hui cette harangue !

Le 22 juillet, Jules Favre présenta la défense particulière des accusés. En parlant pour l'un deux, Carrier, il eut un mouvement, resté fameux, que termina cette exclamation : « Je suis républicain ! »

Je suppose, Messieurs, que la voix de Favre, un peu osée pour un temps qui ne connaissait pas la liberté absolue de tout dire, lançant cette déclaration hardie dans l'assemblée des Pairs du Royaume, dut retentir étrangement. Pour nous, ce premier cri, dans une circonstance solennelle, de sa foi politique, reporte nécessairement nos esprits sur toute cette partie de sa vie qui s'est écoulée loin de nous, et en songeant qu'il est resté toujours attaché à ses idées, toujours ardent à leur défense, toujours prêt à leur sacrifier son temps, ses intérêts, au besoin sa popularité, personne, parmi nous, ne lui refusera l'hommage qu'on aime à rendre, dans l'enceinte où je parle, à la fermeté d'une conviction et à l'unité d'une vie publique.

Le procès des accusés d'Avril terminé, Favre ne

se crut pas quitte envers eux, et le récit qu'il nous a laissé de sa visite dans les cachots de Clairvaux restera comme une des preuves les plus touchantes d'un dévouement qui ne calculait jamais à la tâche.

A côté de ce souvenir, laissez-moi, par occasion, en placer un autre, qui se rapporte aussi à une circons·tance où il donna de ses sentiments d'attachement à ses clients un témoignage plus éclatant peut-être. Ce n'était plus au début de sa carrière, mais sous l'Em·pire. Le fils d'un chef arabe, que Favre avait défendu, vint à Paris demander une grâce à l'Empereur. Favre était à cette époque le lutteur infatigable de l'oppo·sition. Il n'hésita pourtant pas à se rendre au camp de Châlons et à devenir, pour le compte de son client, un véritable solliciteur. Il en accepta le rôle de bonne grâce, et l'on put voir — spectacle vraiment étrange — Jules Favre assistant à une grande revue aux côtés du Chef de l'État. L'avocat racontait gaiement cette anecdote, tant l'amour de sa profession effa·çait en lui l'homme de parti, même dans les situations les plus délicates.

Le procès d'Avril fixa Favre parmi nous. De ce jour il fut des nôtres. Notre Barreau, devenu son pays d'adoption, s'enrichissait d'un talent qui allait jeter sur l'Ordre tout entier l'éclat d'une des plus grandes illustrations oratoires de notre siècle.

Singulier rapprochement de la Destinée! Ce n'était plus maintenant l'étudiant, préoccupé de l'avenir, qui venait essayer ses forces à Paris ; c'était l'avocat presque consommé qui allait y faire consacrer sa réputation.

Je pense, Messieurs, que, dans ces premiers temps où le renom et le talent ne suffisent point à conquérir une clientèle et où il semble qu'un nouveau stage soit très irrespectueusement imposé au mérite, Jules Favre, qui eut à subir la loi commune, dût à certains moments connaître le découragement. « Vous me demandez, écrit-il à cette époque, si je suis « forcé d'attendre mes clients. Malheureusement oui ; « ils viennent peu me chercher. » Mais l'épreuve ne devait être que celle d'une courte patience. En attendant l'arrivée des affaires civiles, les procès politiques ne pouvaient faire désormais défaut au maître qui venait de montrer comment il les savait défendre.

La Presse, à cette époque, luttait avec des fortunes très inégales — telle paraît être son éternelle destinée ! — pour conquérir ses franchises et parvenir à vivre sous le seul contrôle du pays. Les événements insurrectionnels de 1834 avaient provoqué une loi nouvelle, qui respectait moins que par le passé cette puissance pour laquelle, cinq ans auparavant, s'était faite une Révolution. Le zèle des Parquets requérait fréquemment l'application de la loi. Parmi les grands organes de la presse, il en est un qui fut plus particulièrement en butte à ses rigueurs et auquel Jules Favre eut souvent à prêter l'appui de sa parole. C'était *Le National*, écrit sous l'inspiration d'Ar-

mand Carrel. Une première fois, en 1836, au lendemain de la mort du célèbre publiciste, Jules Favre
eut à le défendre de la double prévention d'ou-
trage à la morale publique et d'apologie d'un crime.
Comme il fait ingénieusement la satire du premier de
ces délits! Comme il raille « cette morale de conven-
« tion que chaque gouvernement modifie pour son
« usage et fait ployer selon ses besoins ! » quelle
verve et quelle finesse à la fois!

Je voudrais, Messieurs, si je ne craignais de sortir
des limites traditionnelles de ce discours, rappeler
chacun de ces importants débats où Jules Favre con-
quit sa place au milieu de ses plus illustres anciens ;
j'aimerais vous le montrer, défenseur infatigable de
toute cause politique, prononçant en 1838, dans l'affaire du complot Hubert un plaidoyer magnifique ;
l'année suivante, après les émeutes du mois de mai,
reparaissant à cette barre de la Cour des Pairs où
était née sa fortune; en 1841, défendant *Le National*
dans son quatrième procès et obtenant pour ce
récidiviste impénitent un acquittement retentissant ;
en même temps, accourant aux barres de province
à l'appel de tout journaliste poursuivi, oublieux de la
fatigue ou de la distance, et aussi de l'insuccès de
ses efforts, quand son zèle peut être utile à ses
amis; sachant pourtant, grâce à des prodiges d'acti-
vité, ne laisser en souffrance aucun des intérêts
civils qui lui sont confiés; prenant part aux débats
nombreux qui signalent la création des Compagnies

de chemins de fer; — et au milieu de ces luttes journalières, escarmouches ou grands combats, assouplissant la raideur de sa première manière, la dégageant des imperfections de jeunesse, donnant à sa phrase, un peu solennelle, une allure plus libre, travaillant sans relâche, grandissant chaque jour, et, dans le plein épanouissement de ses dons naturels, perfectionnant son talent qui s'achemine vers sa splendide maturité.

C'est au milieu de ces rudes labeurs du Palais que le trouva la Révolution de 1848. Les électeurs de la Loire l'envoyèrent siéger à l'Assemblée constituante. De ce jour, sa vie va se partager entre la Barre et la Tribune.

La place de Favre était marquée dans les conseils du gouvernement nouveau. Nommé d'abord Secrétaire général au Ministère des Affaires Étrangères, il abandonna peu de temps après ce poste, pour celui de Sous-Secrétaire d'Etat au Ministère de l'Intérieur. Mais là encore, son passage fut de courte durée. Le pouvoir gênait son indépendance. Il le quitta pour rester libre. Il prit dès lors une part plus active aux travaux de la Chambre, soutenant avec foi les pas chancelants du régime qui réalisait ses vœux, jusqu'au jour où les événements, trompant ses espérances, le rejetèrent dans l'opposition et firent de lui le plus redoutable adversaire de l'Empire.

Mais en même temps qu'il conquérait à la tribune sa renommée, il la consacrait de plus en plus parmi nous, en plaidant de grandes affaires dont je dois maintenant vous entretenir.

Le 16 décembre 1850, vint devant la Cour de Paris un procès relatif à la publication de lettres adressées par Benjamin Constant à Mme Récamier. Jules Favre soutenait contre la légataire universelle le droit de Mme Colet à publier cette correspondance. Vous pressentez, Messieurs, quel dut être l'intérêt de cette audience. Parler de Benjamin Constant et de Mme Récamier; rappeler la mémoire de l'auteur d'*Adolphe*, « cette page sanglante arrachée à un jeune homme, mais non pas son dernier mot sur les orages de la vie »; faire revivre ce lutteur ardent, défiguré par les passions de son temps; retracer le portrait de cette femme, dont le charme est resté célèbre comme la beauté, qui groupait, auteur de sa majesté sereine, toutes les illustrations d'alors, « véritable Vénus pudique de ce temps »; et dans ce cadre d'une époque si attachante, feuilleter des écrits où la malignité publique a trop souvent en pâture les plus secrètes confidences du cœur : quel sujet pour Jules Favre!

Berryer plaidait contre lui. Au dire de ses auditeurs, Jules Favre se surpassa. C'est que personne mieux que lui ne sut dépeindre les nuances infinies d'un sentiment, et dans cette nature, si merveilleusement douée, ce n'est point un des moindres sujets d'admiration que ce surprenant contraste des facultés d'un esprit qui, tour à tour, prend les hauts vols dans les larges horizons avec une majestueuse puissance, et s'arrête aux moindres détails pour décrire, avec une sensibilité exquise, une impression, un mouvement de cœur.

Ce côté de sa nature presque féminin le poussait même jusqu'à l'amour du merveilleux, et son âme aimait à se perdre vers ces régions où l'esprit, convaincu de son impuissance, anéanti par sa faiblesse, s'arrête dans la contemplation d'impénétrables mystères. Un procès qu'il plaida à la même époque, pour une somnambule inculpée d'escroquerie, marque en une certaine façon ce trait particulier de sa nature. Je ne puis que le rappeler, ainsi que l'affaire Chavoix et les causes politiques que Favre soutint dans les années suivantes; mais je dois vous retenir un instant sur un débat dont le retentissement fut considérable, l'affaire du capitaine Doineau et de ses coaccusés.

Jamais cause ne fut plus dramatique. Le 23 septembre 1856, un parti de cavaliers arabes a arrêté la diligence d'Oran, quelques instants après sa sortie de Tlemcen, et tué plusieurs voyageurs. Au nombre des victimes est l'agah Si-Mohammed Ben-Abdallah. Le pays a été épouvanté par l'audace du crime. La veuve d'Abdallah a parcouru les rues de Tlemcen, en accusant l'agah Bel Hadj. L'instruction amène l'arrestation du capitaine Doineau, sur lequel les coaccusés font peser des charges accablantes. L'affaire vient devant la cour d'assises d'Oran, au mois d'août 1857. Elle occupe dix-sept audiences. M⁰ Nogent Saint-Laurens défend Doineau. Jules Favre assiste Bel Hadj, et un des autres complices, le Cadi.

La situation oblige Favre à devenir un nouvel accusateur du capitaine. Doineau est chef du bureau arabe de Tlemcen ; son autorité est sans bornes ; son commandement sans contrôle. On dirait un sultan entouré d'esclaves. Vous pressentez, Messieurs, combien cet arbitraire qui courbait sous une pesante domination toute la race indigène, ces dilapidations, ces abus, devaient prêter aux coups acérés de Favre. Son plaidoyer est tour à tour éloquent et habile. Cette subordination générale, cette obéissance passive aux ordres du chef, fixe le rôle et la part de responsabilité de chaque accusé. Bel-Hadj et le Cadi n'ont été que les instruments dociles d'une volonté à laquelle il eût été téméraire de désobéir. Et, généralisant sa cause, Favre, dans sa péroraison, jette un regard sur l'avenir. « Il est temps que la « France se manifeste en Algérie par d'autres révéla- « tions que par le fer et par le feu. Le sang de l'Agah « Ben-Abdallah n'aura pas été versé en vain. L'au- « rore d'un jour nouveau se lève, et, dans cette aube « rayonnante, je vois poindre l'image de la loi, venant « se substituer à l'arbitraire. A la force succédera le « règne des règles écrites et du droit. »

Les temps ont justifié ce présage. Le procès Doineau a eu sa part d'influence dans la transformation

qu'a éprouvée plus tard le régime de l'Algérie, objet
encore de tant d'appréciations diverses. J'y vois
même la première manifestation importante de cette
lutte entre l'élément civil et le pouvoir militaire qui
allait, durant de longues années, agiter notre grande
colonie. Déjà, à cette époque, les ferments bouillon-
nent et la voix de Favre vient jeter au loin les échos du
mouvement nouveau de l'opinion. Personne n'était
plus que lui désigné pour pareille œuvre. On sait ses
prédilections pour le pouvoir civil dans le gouvernement d'une société, et son souci que l'armée ne sorte
pas du rôle glorieux de défenseur de la patrie et de
la loi. Aussi devait-il soutenir ardemment la cause du
gouvernement civil de l'Algérie. Le procès Doineau
lui permit de diriger vers ce but un large courant
d'idées, et quand, plus tard, aux derniers jours de
l'Empire, la question, devenue mûre, agita le Parlement, Jules Favre fut à la tribune pour contribuer à
son succès (1).

Le retentissement du procès d'Oran fut considérable. Le nom de Favre devint immédiatement populaire en Algérie. Partout on se presse autour de lui
et on l'acclame. Les chefs arabes viennent le saluer
sur son chemin, et lui rendre un hommage,— auquel
il est loin d'être insensible. Il ne dédaignait pas,
lorsqu'il revint parmi nous, de raconter les impres-
sions de ce voyage, et il aimait à rappeler, avec un

(1) Corps Législatif. Séance du 16 juillet 1868. — Séance du 13
avril 1869. — Séance du 8 mars 1870.

sourire, que son éminent confrère se trouvait obligé d'assister à ces ovations, — comme ces captifs que les vainqueurs romains traînaient après leurs chars dans les honneurs du triomphe !

Six mois plus tard, l'attentat d'Orsini fournissait à Favre l'occasion d'accroître encore son renom d'orateur.

Ce que fut cet attentat et quelle impression il produisit, je ne saurais, Messieurs, le dire aussi bien qu'un de nos maîtres : « J'ai assisté aux interroga-
« toires dans l'affaire de l'attentat, écrivait Beth-
« mont à son fils ; je ne peux méconnaître qu'Orsini
« semble avoir eu pour mobile unique l'amour de sa
« patrie. Mais que de hasards dans ce qu'il espère !
« Que d'horreurs dans tout ce qu'il ose ! Lui seul, il
« juge, il exécute l'Empereur. Dans l'exécution, il
« s'adjoint des hommes presque inconnus de lui ; il
« se les associe ; il les sacrifie comme il se sacrifie
« lui-même. Il ne tient aucun compte des existences
« immolées nécessairement par l'emploi de ses ma-
« chines meurtrières... Quand je médite sur ces alté-
« rations prodigieuses de l'esprit humain, je suis con-
« fondu de tout ce que j'y trouve de désordre, de
« folie, d'orgueil, de mépris pour l'humanité ! »

Toute défense paraît impossible. Jules Favre est néanmoins à la Barre. En face de lui, au siège du ministère public, est Chaix-d'Est-Ange. Delangle préside les débats. Le hasard a, dans cette circonstance solennelle, mis en présence ces trois hommes dont le

Barreau cite les noms avec orgueil : Chaix, à la parole vive, alerte, et d'une merveilleuse souplesse; Delangle, qui, dédaigneux des recherches de l'art, marche guidé par sa logique puissante; Favre, avec toute l'ampleur de son éloquence enchanteresse; — talents aux qualités si diverses, qui montrent par combien de voies différentes on peut parmi nous arriver au premier rang et jeter sur notre Ordre un égal éclat!

La plaidoirie de Favre, d'un avis unanime, est un chef-d'œuvre. Je voudrais la pouvoir relire toute entière devant vous et, sans commentaire, m'arrêter sur une impression qui vaudrait mieux que tous les éloges. Jules Favre, dès le début de sa harangue, rappelle que si son cœur garde avec une fierté jalouse le dépôt sacré de ses sentiments et de ses croyances, leur symbole n'a jamais été ni le glaive ni le poignard. « J'ai dit, ajoute-t-il, à Orsini : Je condamne votre
« forfait, je le proclamerai bien haut; mais vos mal-
« heurs me touchent. Votre constance à combattre les
« ennemis de votre pays, cette lutte acharnée par
« vous entreprise, ce sacrifice de votre vie, je les
« comprends. Ils vont à mon cœur. Je vous assis-
« terai à cette heure suprême... non pour présenter
« une inutile défense, non pour vous glorifier, mais
« pour essayer de faire luire sur votre âme immor-
« telle, qui va retourner au sein de Dieu, un rayon de
« cette vérité qui peut protéger votre mémoire contre
« des accusations imméritées. »

Et il prononce alors, comme sur une tombe, l'oraison funèbre d'Orsini. Il le montre élevé dans la haine de l'étranger, apprenant dès son plus jeune âge, à la rude école de l'exil, comment on aime et comment on souffre pour une cause ; ne pouvant se battre et réduit à conspirer ; bientôt, condamné et proscrit, arrêté et relâché ; condamné encore, et sauvé comme par miracle ; et, au cours de cette vie extraordinaire, poursuivant toujours un but unique : l'affranchissement de sa patrie. Son suprême espoir, aujourd'hui, est que sa mort ne sera pas inutile à la cause de l'indépendance italienne. C'est le vœu qu'il formule dans un écrit que de son cachot il adresse au Souverain. Jules Favre lit ce document, et il ajoute : « Ma tâche, Messieurs, « est terminée. Vous n'aviez pas besoin des adjurations « de Monsieur le Procureur Général pour faire votre « devoir sans passion, comme sans faiblesse. Mais « Dieu, qui nous jugera tous, Dieu devant qui les « grands de ce monde, dépouillés du cortège de leurs « courtisans et de leurs flatteurs, apparaissent tels « qu'ils sont ; Dieu qui seul mesure l'étendue de nos « fautes, la force des entraînements qui nous égarent « et l'expiation qui les efface, Dieu prononcera son « arrêt après le vôtre, et peut-être ne refusera-t-il « pas un pardon que les hommes auront cru impos- « sible sur la terre ! »

Que faut-il le plus admirer, Messieurs, de cette hardiesse, née d'une grande idée de patriotisme, qui s'applique moins à défendre la vie d'Orsini devant ses juges, qu'à défendre sa mémoire devant la postérité, ou de cette forme, qui traduit si heureusement la pensée, que nulle part on n'y saisit l'effort de l'art? Comme ce plaidoyer est simple et grand! L'idée n'a pas cette parure qu'elle revêt souvent chez Jules Favre. Il semble qu'elle porte un voile de deuil. On est moins charmé qu'ému. Chaque phrase a un souffle oratoire puissant, et l'on sent que sur cette harangue concise, plane la tristesse de ce solennel débat.

Ce plaidoyer grandit encore le renom de Jules Favre. Les électeurs de Paris lui ouvrent l'entrée du Corps législatif, où, presque seul, il tiendra le drapeau de son parti. Le Barreau, de son côté, va bientôt récompenser, par les plus grands honneurs, l'avocat qui l'illustre. Nous touchons à la belle époque de la vie de Favre. Son talent s'est épanoui au milieu des caresses de la fortune. Son nom est populaire. Multipliant ses efforts, il est partout : tantôt au Palais, tantôt à la Chambre, — et toujours sur la brèche.

Aussi quand, en 1860, il devint le chef de notre Ordre, son élection retentit avec éclat.

J'arrive, Messieurs, à une partie de ma tâche — la plus douce, assurément — où, laissant pour quelques instants de côté la vie militante du maître, je puis rentrer dans notre intimité. Si le Bâtonnat est un honneur éminent dans notre Ordre, il est aussi

une charge, qui semble instituée surtout au profit
des stagiaires. Ceux du Bâtonnat de Favre, —
qui ne paraissent pas nés sous une mauvaise étoile,
— nous rediraient au besoin avec quelle aimable
sollicitude il leur prodiguait ces conseils, ces bien-
veillantes leçons, qui sont, entre les anciens et les
jeunes, comme les premiers épanchements de la
confraternité. Ces épanchements, Favre en a laissé la
trace ineffaçable dans les discours qu'il a prononcés
au cours de son Bâtonnat.

Tantôt c'est le maître, parlant, dans une langue sévère, du travail et des devoirs de notre profession ; tantôt c'est l'ami, donnant à ses jeunes camarades, avec
le charme et la finesse des Odes d'Horace dont il aime
à s'inspirer, un attrayant emploi de leurs vacances.

Dans son premier discours, il envisage les mani-
festations extérieures de notre profession, et il rappelle que les plus rebelles subissent le charme de la
forme : « Ils voudraient se révolter, dit-il, les voilà
« pris et captifs. On peut dès lors leur faire tout
« entendre. Les hardiesses ne les choquent plus.
« Entraînés par la magie de la séduction, ils oublient
« leurs passions pour se livrer à celui qui sait les
« éblouir, et quand ils reviennent à eux-mêmes, il
« n'est plus temps de comprimer l'essor de la pensée
« dont l'art a brisé les entraves. »

Ne croirait-on pas que Jules Favre s'est peint
lui-même ?

Arrivé à ce point culminant de sa carrière oratoire,

que consacre son élection au Bâtonnat, il me semble, Messieurs, qu'une satisfaction peut être aujourd'hui donnée à sa mémoire, en cherchant à retirer de ses discours un enseignement pour nous. Sans doute, son éloquence s'élève, jusqu'à des sommets inaccessibles où nous ne pouvons que la contempler, mais l'art, qui ne cesse de la diriger, nous a du moins laissé des modèles à étudier.

Ce qui frappe d'abord chez Favre, c'est le culte sévère de la forme. Je vous le montrais, aux premiers jours de sa carrière, épris de l'art de bien dire, demandant à un travail opiniâtre le secret de cette pureté et de cette mélodie, qui ont donné à sa phrase une véritable célébrité, façonnant, la plume à la main, son langage, l'asservissant à tous les tours et lui imposant jusqu'aux lois de la cadence. Ne croyez pas qu'il se soit soustrait plus tard aux efforts laborieux de cette première manière. Il n'a cessé d'écrire la plupart de ses plaidoiries. Grâce à ce soin, l'expression est toujours propre. La phrase se déroule dans une ampleur majestueuse, chaque idée secondaire venant se grouper autour de l'idée principale, le tout relié avec un art si parfait que l'auditeur croit assister à l'éclosion et au développement soudain de la pensée. Il aime les épithètes ; il les prodigue. Mais leur justesse et leur gradation parfaites donnent au style un coloris qui fait de ses descriptions de véritables peintures. Il excelle à présenter les détails délicats des causes les plus intimes, soit qu'il les précise sous des habiletés de langage où jamais mot équivoque ne trouva place, soit qu'il les voile sous des insinuations ou des anecdotes. Dans certains cas, enfin, et particulièrement dans ses répliques, il manie, en maître, deux armes également terribles : l'ironie et le dédain.

Vous remarquerez, Messieurs, que la composition du discours n'est pas moins soignée que l'est la phrase ou le trait.

L'exorde est généralement insinuant, parfois long; mais l'exposition du fait saisit et captive l'attention. Puis, avec quelle habileté s'enchaîne l'argumentation ! Ne cherchez pas une discussion sèche et nerveuse, où pas un mot ne soit inutile à l'expression de l'idée, qui s'empare alors de l'esprit avec la rigueur d'une démonstration mathématique. Favre ne dédaigne jamais les recherches d'une élégance suprême. Telle est d'ailleurs la tendance de son esprit, qu'il est moins attaché au droit lui-même qu'à sa philosophie. La généralisation des idées est son domaine. Tout procès a pour lui un grand côté, et c'est par là qu'il l'aborde, laissant à sa pensée la liberté de partir d'un large coup d'aile, tantôt pour rechercher, sur les hauteurs où elle se complaît, les considérations générales qui naissent de l'affaire, tantôt pour se perdre dans les poésies de l'infini.

La Tribune lui convient moins que la Barre. L'effet n'est pas aussi puissant, et je l'attribue, pour ma part, à ce que l'art est trop achevé pour des assemblées qui ne vivent pas habituellement dans l'atmosphère calme où se goûte la délicatesse du langage et qui veulent, soit une vive clarté qui les frappe, soit un souffle impétueux qui les entraîne. Peut-être aussi Jules Favre n'avait-il pas su se défaire suffisamment, à la Tribune, de certaines habitudes de prolixité, qui sont un peu notre défaut commun, et dont on médirait moins contre nous si l'on songeait qu'elles viennent du souci scrupuleux de pénétrer tous les détails d'une cause. Peut-être enfin sa nature un peu rêveuse et mystique manquait-elle de ce sens pratique qui est le sceau du talent politique. Mais, malgré tout, ses harangues parlementaires resteront comme les plus pures de notre langue.

Ajoutez maintenant au discours l'organe à la fois harmonieux et puissant qui lui prêtait tant de charme, le geste mesuré qui en relevait l'accent, l'art qui, malgré une « toux oratoire », selon l'expression d'un de nos grands maîtres, rythmait la phrase en savantes intonations, — et ceux d'entre vous qui n'ont jamais entendu Favre ne se feront pas encore une complète idée de l'effet que produisaient, à la Barre, tant de dons naturels, perfectionnés par tant de travail.

Mais à côté et au dessus des qualités oratoires, le Bâtonnier de 1860 plaçait les vertus professionnelles, et il les résumait, en quittant sa charge dans ces trois préceptes généraux : l'amour du travail, le respect du vrai et du beau, le désintéressement.

N'est-ce pas là, le maître tout entier ?

Le travail! Vous avez vu quel culte il lui a voué. C'est toujours à lui qu'il réserve ses plus belles invocations. « Ami sévère et fidèle, rude et
« constant compagnon de ma vie entière, je te rends
« ici un solennel hommage. C'est à toi que je dois
« tout. Tu m'as sauvé dans les fiévreux orages des
« passions. Tu a cicatrisé les plaies saignantes que
« m'avaient faites des douleurs sans nom. Tu m'as
« soutenu, éclairé, consolé. C'est à toi que ma fai-
« blesse éperdue a demandé le bouclier vivant avec
« lequel j'ai bravé les attaques des puissants et pro-
« tégé les faibles. Si je me suis racheté de mes fautes,
« ce n'est que par toi. J'en bénis Dieu et le prie de
« vouloir bien répandre sa noble semence sur ces
« généreuses intelligences, afin que de leur effort et
« de leur vertu sorte enfin le triomphe de la vérité,
« qui ne peut rester longtemps captive sur la
« terre. »

Le respect du vrai et du beau! Quelle âme pouvait mieux s'en inspirer que celle de ce puissant artiste, qui ne séparait jamais l'un de l'autre ces deux types de l'idéal divin?

Le désintéressement ! Son héritage en est la meilleure et la plus touchante preuve. Sans autres habitudes que celles du travail, après avoir traversé le pouvoir, il est mort pauvre, laissant pour toute ressource à sa famille le gain que pendant une seule année il eût pu demander à son talent.

C'est qu'aux yeux de Favre la pauvreté d'un client

était un titre à son appui. « C'est à eux, disait-il, en parlant des pauvres, que nous devons surtout la patience et la douceur. » Et si nous interrogions les échos de ce Palais, combien d'obligés pourraient venir rappeler que si le talent illustre un nom, la bonté le fait bénir. La bonté! C'était bien là, — dussè-je diminuer en Jules Favre le mérite d'une vertu professionnelle, — la source principale de son désintéressement. Dans une cause, même juridiquement mauvaise, faisait-on appel à ses sentiments généreux, le client était-il malheureux ou pauvre, Favre n'hésitait jamais à aller plaider pour lui, fût-ce à l'autre extrémité de la France. C'est ainsi qu'il acceptait maintes causes, et, comme le cœur connaît mal le bon droit... il perdait parfois ses procès.

Parmi bien des traits que je pourrais citer de sa bonté, j'en veux rappeler un.

C'était en 1861. Un Secrétaire de la Conférence avait à soutenir devant le tribnnal une question de mur mitoyen. L'affaire, vous le présumez, n'avait pas d'importance. Tandis que le stagiaire attendait, à la Barre, son confrère qui ne lui était point encore désigné, il vit arriver Jules Favre. Je suppose, Messieurs, que son émotion dut être égale à son étonnement, et comme il s'enquérait de ce qui lui valait un tel adversaire, Jules Favre lui répondit que ses clients étaient .de pauvres gens sans ressources, devant la demeure desquels il passait chaque soir d'été en allant à la campagne; ils avaient cru fort naturel de s'adresser à lui pour la défense du plus minime intérêt, et Jules Favre, touché de la naïveté de leur confiance, n'avait pas voulu les détromper.   ·

Quel doux souvenir que celui de cette journée modeste dans la vie de l'illustre avocat, trouvant, au milieu des lourdes occupations de son Bâtonnat et dans l'intérêt d'humbles clients, la possibilité de venir plaider une telle affaire! Il est vrai que le hasard lui avait donné une adversaire qui n'était pas de médiocre valeur. Le jeune secrétaire d'alors est à son tour devenu Bâtonnier ; en quittant récemment sa charge, il recueillait l'expression de cette sympathie qu'attirent toujours le talent et le caractère, et à laquelle je tiens à honneur de joindre aujourd'hui le témoignage de la reconnaissance de ses stagiaires.

Acquise à tous, la bonté de Jules Favre ne s'est jamais plus vivement manifestée, qu'à l'égard des jeunes gens. Aussi était-ce un devoir d'autant plus étroit pour moi de rappeler ce trait saillant de sa nature, trop peu connu peut-être au dehors, mais non dans ce Palais où, sur la foi d'un dire unanime, Jules Favre ne compta jamais un ennemi.

Son Bâtonnat, Messieurs, a une histoire. Nous nous plaisons, en famille, à rappeler nos jours de fête, et vous me saurez gré, j'en suis sûr, de reporter vos esprits vers ce lointain souvenir. C'était le 25 décembre 1861 : le Barreau fêtait le cinquantième anniver-

saire de l'inscription de Berryer au tableau. Le Bâtonnier, Jules Favre, porta un toast au nom de l'Ordre.
« Ce que nous entendons, dit-il, honorer en Berryer,
« dans cette solennelle confraternité, c'est l'avocat
« qui nous est demeuré fidèle et qui a jeté sur notre
« robe le double éclat de son génie oratoire et de sa
« mâle indépendance. Que d'autres célèbrent la
« constance de sa foi, la générosité de son dévoue-
« ment et la domination de sa redoutable parole,
« couvrant le bruit de nos luttes politiques pour reten-
« tir dans la postérité; nous, nous le saluons avec
« orgueil comme le vétéran du droit et de la défense !
« La fortune, par une rare faveur, l'a toujours éloi-
« gné du pouvoir, et depuis longtemps assis dans le
« camp des vaincus, il y a porté sa grande âme et
« son irrésistible puissance ! » Pouvait-on mieux dépeindre, en quelques traits de maître, la figure du
grand Berryer ? Et combien dût être solennelle cette
réunion où la fortune avait choisi, pour rendre hommage au plus illustre avocat de notre siècle, celui qui
était l'héritier le plus direct de sa puissance !

Le Bâtonnat, en donnant à Favre, la plus enviée
des récompenses, n'avait fait que stimuler en lui
le désir de se surpasser. Après avoir indiqué quel-
ques-unes des causes qui ont en quelque sorte
marqué les étapes de son talent, je ne le suivrai
pas dans toutes celles, auxquelles son nom va désormais s'attacher. Mais vous me permettrez de

justifier seulement, par quelques nouveaux exemples, l'appréciation que je viens d'essayer sur ce grand maître.

Il n'est pas d'affaires qu'il ait plaidées avec plus de perfection que celles où il fallait dépeindre et analyser un sentiment, comme les affaires de questions d'état ou de séparation de corps.

L'une des plus fameuses est la demande en nullité de mariage qu'il soutint, le 19 avril 1861, devant le tribunal de la Seine, comme avocat du marquis de G. — Mlle C..., la fille d'un grand industriel, avait voulu devenir marquise de G..., sans admettre que cette situation nouvelle lui imposât quelques devoirs nouveaux. Quand la période où ces résistances demeurent légitimes et charmantes eût été singulièrement outre-passée, le marquis, après avoir épuisé les prières, se résigna à demander une séparation de corps. Elle fut prononcée et, quelque temps après, un Bref de la Cour de Rome déclarait nul le mariage comme non consommé. Restait à s'adresser à la justice française pour qu'elle prononçât à son tour la nullité de cette union. La tâche était hardie et délicate. Quelle habileté entreprenante ne fallait-il pas pour soutenir, en droit, que la nullité provenant de l'erreur sur la personne, s'appliquait à l'erreur sur ses intentions, et que le consentement du marquis, trompé sur la volonté de Mme C..., se trouvait vicié dans son essence? Et quelle délicatesse de langage ne fallait-il pas aussi pour établir, en fait, par les recherches les plus intimes, une résistance absolue que déniait Mlle C...? Jules Favre plaida cette cause si difficile avec une finesse et un art infinis. Il sut admirablement mettre en contraste, pour le rendre plus digne d'intérêt, ce mari à bout de souffrances, abreuvé de dédains, et cette jeune femme futile, frivole, sans passions, sans cœur, mais inflexible, parce que la maternité l'effraie comme une heure dérobée au plaisir. Puis, généralisant, suivant son usage, il entonna comme une hymne au Créateur qui a fait des fins du mariage la loi de l'univers entier.

Dois-je ajouter, Messieurs, que le Tribunal et la Cour furent tour à tour charmés, mais non convaincus?

A peu près à la même époque, Jules Favre soutenait, devant le Tribunal de Napoléon-Vendée, un procès en séparation de corps. Mme la vicomtesse de St M., assistée de Berryer, plaide contre son mari. Il n'y a, de part et d'autre, ni injures ni scandales bruyants, et il semble que ce jeune ménage, où le bonheur avait un instant trouvé place, n'ait pas désappris à s'aimer. Mais Mme de St M. a un père dont l'affection jalouse et oppressive semble la cause de ce triste débat. Comme Favre le démasque! Comme il expose d'une façon touchante le récit du passé jusqu'au jour où cet homme, irrité dans son orgueil, oblige à ce triste procès sa fille qui ne sait pas désobéir. Comme il montre, dans ce malheureux ménage, deux berceaux qui sont là sous la foi d'une affection commune et qui veulent la réconciliation ! « Je me rappelle, dit-il, ce conte charmant que j'ai lu « dans mon jeune âge et qui a laissé dans mon esprit « une impression profonde. C'est un mari et une « femme nobles, riches, considérés, qui n'ont pas su « vivre dans l'harmonie et la paix. Ils se sont sé- « parés comme d'honnêtes gens, sans éclat ; ils « sont d'accord sur toutes choses : le partage des « terres, la pension, rien n'a été oublié . Ils vont se « quitter. Mais, au moment de se dire adieu, il se ren- « contre sous leur pas un petit enfant auquel le père « s'adresse : C'est bien avec moi que tu veux venir ?— « Oui, mon père.—Et la mère lui demande : Est-ce « que tu veux me quitter ?—Non, ma mère.—L'enfant « tient l'un par le bas de son habit, l'autre par sa robe. « Ils se penchent pour embrasser leur enfant, et voici « que leurs yeux se remplissent de larmes ; leurs « cœurs se rencontrent ; tout s'efface dans un baiser « que l'enfant a provoqué. »

Tout le monde était gagné. Le Tribunal le fut aussi, mais la Cour de Poitiers prononça la séparation, en laissant les enfants à Mme de St M. sous certaines obligations, qui furent bientôt méconnues. Jules Favre revint alors à la Barre de la Cour. Ce n'est plus maintenant le mari qu'il défend, c'est le père ; le père auquel il ne reste plus qu'une espérance, ses enfants ! Cette fois, c'est l'idée de la puissance paternelle qui domine le débat. Favre, se transformant, est aussi ample et puissant qu'il avait été dans le procès précédent touchant et délicat.

La question du mariage des prêtres qu'il plaida, vers la même époque, à Périgueux; l'affaire Pelletan, l'affaire de la Sallette, le procès Armand et bien d'autres causes encore, lui fournirent des occasions sans cesse renouvelées de montrer sous des aspects variés un talent inépuisable.

Mais aucune n'eut le retentissement et l'éclat de la grande cause politique qu'il plaida, en 1864, devant le tribunal de la Seine et qui est restée célèbre sous le nom de procès des Treize.

C'était l'époque où, sous les efforts d'une opposition déjà grandissante, prenait naissance ce mouvement libéral qui devait quelques années plus tard transformer les institutions de l'Empire. Des comités électoraux s'étant constitués, à la veille des élections, dans le département de la Seine, le Parquet crut devoir les poursuivre. M. Garnier-Pagès et douze autres membres importants de l'opposition, se trouvèrent ainsi traduits en Police correctionnelle, sous l'inculpation d'association non autorisée de plus de vingt personnes.

Ils avaient choisi pour les défendre les sommités du Barreau, et de tous points la cause avait ému l'opinion. Les comités électoraux constituaient-ils des associations illicites? N'étaient-ce point de simples réunions temporaires, ayant pour objet l'exercice d'un droit constitutionnel? Ce fut la thèse de Favre qui le

premier prit la parole, comme défenseur de M. Garnier-Pagès. Il n'avait donc pas, à proprement parler, à soutenir cette grande cause de la liberté d'association à la défense de laquelle il apportait toujours une âme ardente et convaincue; il avait à défendre seulement cette liberté électorale que le pouvoir, en tous les temps, est trop enclin à méconnaître. Toutefois il ne put s'empêcher de signaler l'article 291 comme une loi tyrannique qui, au dire de Guizot, rappelé par lui « ne devait pas figurer longtemps dans la lé-
« gislation d'un pays libre. » Hélas! ces espérances communes de Guizot et de Favre ne se sont point encore réalisées : l'article 291 est toujours en vigueur sans qu'on paraisse se souvenir aujourd'hui des protestations d'autrefois !

Jamais la dialectique de Favre ne s'était révélée avec plus de puissance que dans ce grand procès. Après s'être demandé comment il était possible d'établir, à la charge des treize prévenus, un délit qui ne pouvait exister que par une association de plus de vingt personnes, abandonnant ce petit côté de la cause, il s'attacha principalement à démontrer, en remontant aux discussions de la loi et en s'appuyant sur l'interprétation qu'elle avait reçue d'une longue pratique, que les textes dont l'application était requise avaient réservé la liberté électorale.

On n'a pas perdu le souvenir de sa péroraison, dont certains passages pourraient n'être pas inutilement proposés à la méditation de tous les Gouvernements.

« Si un pareil résultat était consacré, disait-il en
« se révoltant contre l'idée d'une condamnation,
« c'en serait fait à jamais du suffrage universel : il
« faudrait jeter un voile sur notre pays, qui ne
« serait plus qu'une terre d'embûches et de sur-
« prises. Il resterait, cela est vrai, vos déclarations
« pompeuses, mais, devant les faits, elles ne seraient
« plus que de détestables mensonges. J'espère qu'il
« n'en sera pas ainsi, et quand je vois, à côté de moi,
« tous ceux qui m'entourent et me fortifient ; quand
« je songe que lorsque ma voix ne se fera plus
« entendre, elle sera remplacée par celle de mes maî-
« tres ; quand je vois Berryer, mon vieil ami, qui n'a
« pas été seulement le plus grand des orateurs, mais
« aussi le plus noble cœur et l'amant passionné et
« persévérant de la liberté, qui couronne son illustre
« vieillesse ; quand je vois Marie, qui a servi son pays
« avec le désintéressement et la pureté que tout le
« monde a admirés ; et Senard, le courageux Prési-
« dent de l'Assemblée nationale, qui a opposé sa
« poitrine aux coups des agitateurs ; et ces ministres
« de l'ancienne monarchie, M. Dufaure, M. Hébert,
« qui ont cherché, dans la mesure de leurs forces si
« puissantes, à faire triompher les principes qui sont
« aujourd'hui obscurcis et niés ; et toute cette jeune
« génération qui me presse, qui est mon espérance,
« qui est mon amour, ah ! je ne dis pas seulement
« que cette cause triomphera (ce n'est là qu'un bien
« petit accident dans notre vie politique), je dis que

« la liberté est impérissable : elle a de trop illustres
« champions, de trop nobles défenseurs, et nous
« pouvons considérer d'un œil serein le nuage qui
« passe... le soleil n'en sera pas obscurci ! »

Vous savez le reste ; l'auditoire pris d'un mouvement enthousiaste, les défenseurs et les prévenus
unanimes à reconnaître que tout ce qui pouvait être
dit l'avait été, et Berryer, au nom de tous, faisant
devant le Tribunal cette déclaration :

« Après la magnifique harangue que vous avez
« entendue, après cette plaidoirie si complète, les
« prévenus tous ensemble et tous ceux de mes hono-
« rables confrères qui s'étaient associés à la défense,
« ne pensent pas qu'il y ait rien à ajouter. »

Assurément, Messieurs, l'orateur triompha dans
cette mémorable journée, et plus peut-être qu'en
aucune autre; mais non moins que l'orateur dut
triompher l'athlète indomptable de la liberté.

Au Parlement, comme au Palais, il combat sans
trêve pour elle. La Tribune garde le souvenir de
ces luttes où il n'a cessé de réclamer, selon le mot
d'alors, les libertés nécessaires, et aussi des discours
qu'il a prononcés sur la guerre d'Italie, sur l'expé-
dition du Mexique, sur la question Romaine, sur les
affaires d'Algérie. Mais quand un orateur est obligé
d'aborder toutes les discussions qui s'agitent dans
une assemblée politique, il ne peut le faire, quelque
vastes que soient ses facultés, avec une compétence
toujours égale. Jules Favre n'échappe pas à cet

écueil; mais si parfois il se laisse entraîner par de
généreuses erreurs, comme le jour où, dans la discussion de la loi sur l'armée, il ne craint pas de demander
a diminution de nos charges militaires, il reste sans
égal quand il traite des sujets mûris dans le calme
d'une étude désintéressée de toute question de parti,
quand il réclame, par exemple, la modification du
Code d'instruction criminelle, l'abolition de la peine
de mort, ou qu'il défend, aux applaudissements de ses
adversaires eux-mêmes, les droits de la propriété lit-
téraire.

Il semble, à cette époque de sa vie, que rien ne
puisse venir ajouter à la situation que lui ont faite tant
de succès.

Un nouvel honneur lui était pourtant encore réservé. L'Académie française l'appela à occuper le
fauteuil, devenu vacant par la mort de M. Cousin.
Pour obéir à la tradition de l'illustre Compagnie,
Jules Favre devait tout d'abord prononcer l'Eloge
de son prédécesseur. Il n'avait ici qu'à se souvenir de ses jours de jeunesse où les leçons du maître
qui guidait alors toute une génération, jetaient dans
son esprit une trace indélébile. Dans un portrait
dont, à vrai dire, on accusa les traits de n'être
pas très exacts, il fit revivre ce vaste et pénétrant
esprit, ce vaillant défenseur de la liberté philoso-
phique, ce lettré délicat, à l'imagination vive
et charmante, qui fut l'amant passionné du
XVIIᵉ siècle.

Au moment où il prenait rang parmi ses nouveaux
et illustres confrères, Favre ne pouvait oublier ceux
au milieu desquels s'était écoulée sa vie :

« Je ne puis m'empêcher, dit-il, de faire remonter
« l'honneur que je reçois à sa source véritable, à ce
« Barreau qui m'est si cher, au sein duquel s'est écou-
« lée ma vie au milieu de rudes labeurs et de douces
« affections. Il a été l'école de ma jeunesse, le soutien
« de mon âge mûr ; il sera la dignité des jours qui me
« restent encore. L'indépendance, le désintéresse-
« ment, le courage civil sont ses règles élémentaires.
« J'ai essayé de n'y pas être infidèle et, sur un autre
« théâtre, je n'ai eu qu'à m'en souvenir pour faire
« mon devoir. Je lui ai donné mon cœur. Il m'a
« rendu d'inestimables amitiés, des guides indulgents
« et sûrs. »

Ces amitiés, Messieurs, lui sont toujours demeu-
rées fidèles. Je ne saurais vous dire tous les témoi-
gnages qu'en a reçu celui qui a aujourd'hui l'insigne
honneur de parler en votre nom ; mais je puis affir-
mer, après les avoir recueillis, que dans ce Palais
où s'arrêtent les haines de la politique, le nom de
Favre ne sera jamais attaqué.

Le passage capital de son discours fut la profession
de foi spiritualiste que les circonstances l'amenèrent
à exposer. A ce moment, et après un long oubli,
commençaient à se produire au grand jour ces
doctrines funestes qui nient Dieu et veulent pros-
crire son culte. Jules Favre ne laissa ses croyances

incertaines aux yeux de personne. Écoutez la péroraison de son discours :

« Je suis ma propre lumière. Quand je m'inter-
« roge, je sens en moi la faculté de me connaître, et
« en dehors de moi, le monde extérieur qui n'est pas
« moi, et au-dessus encore, l'infini dont tout émane,
« et dont ma conscience me fournit l'irrécusable
« notion. Il est vrai que cette notion ne me vient pas
« de mes sens, pas plus que toutes celles qui cons-
« tituent ma vie morale, c'est-à-dire la meilleure
« partie de mon être, et, comme je ne doute pas de
« celle-ci, je ne puis davantage douter de celle qui me
« conduit à Dieu ; et, quand je concède que mes sens
« y sont étrangers, qu'elle est toute intérieure, j'ai
« tort : j'oublie que ces sens m'en apportent la
« démonstration éclatante toujours reproduite, tou-
« jours nouvelle, et jamais réfutée. Quoi ! nous
« sommes à chaque heure les témoins de l'admi-
« rable ordonnance de l'univers, la science nous
« montre des prodiges dans la structure du plus
« humble vermisseau, comme aussi, élevant nos in-
« telligences jusqu'à des régions inconnues avant ses
« découvertes, elle nous promène dans les champs de
« l'espace, où, gouvernés par des lois régulières,
« gravitent en s'attirant et se contenant les uns les
« autres des millions de mondes étincelants de lu-
« mières ; et parce que nous n'en comprenons pas
« l'essence, nous contesterions l'existence d'une vo-

« lonté supérieure, sans laquelle toutes ces merveilles
« seraient elles-mêmes incompréhensibles ! Elles exis-
« tent, cependant. Nos sens nous les montrent, notre
« raison confirme leur témoignage, et par elles il faut
« nous laisser entraîner par la force de l'évidence
« jusqu'à Dieu qu'elles proclament, ou nier résolû-
« ment cette évidence, et avec elle notre raison,
« c'est-à-dire nous dégrader de nos propres mains. »

Cette déclaration solennelle n'était d'ailleurs que la proclamation des idées qui avaient dirigé sa vie. Ses actes et ses discours en portent l'empreinte grandiose, et quels que soient les accents qu'il ait empruntés aux plus nobles ou aux plus délicates passions du cœur, c'est toujours dans sa croyance en Dieu et en l'âme immortelle qu'il a puisé ses plus belles inspirations.

Au moment de sa réception à l'Académie française, Jules Favre est à l'apogée de sa fortune. Au Barreau, il occupe la première place. Au Corps législatif, il est le chef de l'opposition. Après la Barre et la Tribune, les Conférences lui ouvrent un nouveau champ où le lettré peut se donner libre carrière. Propagateur ardent de ses idées, de tous côtés il rayonne ; de tous côtés on le fête. Il est l'idole du jour.

Mais l'heure allait venir des temps tristes et diffi-ciles. Vous sentez, Messieurs, que je ne les puis passer sous silence, et quelque embarras que j'éprouve à en parler au milieu des sentiments divers d'une génération, dont le cœur saigne trop encore pour faire

à chacun sa juste part des responsabilités de nos malheurs, je comprends que je manquerais à ma tâche si
je ne dégageais du récit douloureux des quelques
mois qui vont suivre le grand sentiment qui a dirigé
les actes de Favre. On ne peut dire de l'illustre maître
ce qu'il disait de Berryer, « que la fortune, par une
rare faveur, l'avait toujours éloigné du pouvoir ».
Elle va lui faire sonder elle-même, par de cruels
retours, la profondeur de cette belle pensée.

La guerre a éclaté. Dès le début la victoire a dé-
laissé nos drapeaux, et l'Empire est tombé au milieu
de nos désastres militaires. Un gouvernement nouveau a assumé la responsabilité des destinées du
pays. Jules Favre est ministre des Affaires Étrangères,
à la veille du jour où l'investissement de la capitale
va rompre, pour de longs mois, nos relations avec
l'Europe, qui suit, impassible, les terribles événements
qui se déroulent. Le feu est sur le point d'être ouvert.

Cédant alors aux inspirations spontanées de son
cœur, sans faire part de sa détermination à ses collègues du gouvernement, par lesquels il craint d'être
désavoué, dédaigneux des humiliations qui le peuvent
atteindre, Jules Favre se rend près du vainqueur
pour solliciter un armistice. Les sarcasmes qui ont
accueilli plus tard le récit de cette démarche n'ont
rien ôté à la noblesse du sentiment qui l'a dictée.
Vous savez l'inutilité de la tentative et comment
Favre dut se résigner à une lutte dont il aurait voulu
conjurer les malheurs.

Hélas! il ne faisait alors que commencer ses épreuves, et le calme courage qui l'avait guidé à Ferrières allait lui être nécessaire pour faire face aux déchirements intérieurs de Paris. Le 31 octobre, un mouvement insurrectionnel s'est emparé de l'Hôtel de ville. Favre et plusieurs de ses collègues sont prisonniers des gardes nationaux de Flourens. Avec quelle énergie, au milieu de ces hommes qui attendent l'ordre de le mettre à mort, Jules Favre tient tête à l'orage! On met sa liberté au prix de sa démission; il la refuse. Calme, comme si sa vie n'était point en jeu, il regarde de la fenêtre près de laquelle on le tient emprisonné, la foule ameutée et furieuse. A cet instant, où la liberté semblait déjà sombrer dans l'anarchie, n'eût-il pu redire ce mot de Luther apercevant du haut d'une tour le siège de Munster : « Pauvre humanité, on la soulève d'un côté et elle retombe de l'autre! »

Quand, après cinq mois de siège, la résistance fut impossible, vint pour Favre la plus amère douleur que la destinée lui ait réservée, celle de mettre sa signature au bas du traité de paix. A cette heure assurément, plus que dans aucune autre circonstance de sa vie, il dut retremper son courage aux sources d'un vrai patriotisme. C'était lui qui avait fait, sur l'intégrité du territoire, cette déclaration fameuse qui avait été comme son fanion de combat, et il fallait maintenant accéder à un démembrement du pays! Le temps des généreuses illusions est passé. Favre est prêt à tout souffrir. La douleur, il la refoule ; l'impopularité, il la brave : son cœur désespéré a entendu les tressaillements de l'âme expirante de la Patrie !

Le 22 juillet 1871, le calice ayant été bu jusqu'à la lie, il donnait sa démission et quittait, poursuivi déjà par les colères publiques, auxquelles il faut des victimes, ce pouvoir de près de onze mois, — les temps les plus tristes de notre histoire !

Il trouva, néanmoins, de nombreux et grands défenseurs. Je n'en veux rappeler qu'un, M. Thiers. On parlait un jour, à la cour du Petit Roi — comme l'appelait plaisamment Jules Favre — du sujet d'un roman de Cooper, *The Spy*. L'officier envoyé en espion, pris par l'ennemi, condamné comme voleur, meurt sans vouloir dire qui il est et sans chercher à sauver même sa mémoire. M. Thiers déclarait qu'une telle abnégation eût été au-dessus de son courage, et qu'il ne connaissait pas d'homme capable d'un pareil acte de patriotisme. Puis, après un instant de réflexion, il ajouta : « Je me trompe ; j'en connais un : c'est Jules Favre. »

Dès qu'il eut quitté le pouvoir, Favre fit paraître un livre sur la question Romaine qui avait motivé sa retraite, et écrivit le récit du Gouvernement de la Défense nationale ; mais il considéra son rôle politique comme à jamais terminé. « Je juge mon rôle fini, « écrivait-il en 1872. Je peux disparaître de la scène, « où j'ai essayé de faire mon devoir. C'est à d'autres

« à continuer l'œuvre à laquelle j'ai consumé ma vie. »

Il vécut depuis ce moment dans une sorte de solitude, consacrant presque entièrement sa vie à cet « ami sévère et fidèle » qu'il avait autrefois invoqué, ici même, en termes si éloquents. La Fortune était partie « avec le cortège de ses flatteurs », et à sa suite s'étaient éloignés tous ceux qui n'aiment à se souvenir qu'en certains jours des bienfaits reçus. Quelques années à peine, séparaient les temps heureux des temps difficiles, et déjà venait l'oubli ! Que d'invincibles tristesses durent envahir le cœur de Favre, quand, arrivé ainsi au terme de sa longue route, repassant dans son esprit, par un retour mélancolique vers le passé, les faveurs et les coups de la destinée, les applaudissements et les injures de la foule, les joies et les trahisons de l'amitié, les combats incertains du droit et de la force, les enthousiasmes de l'espérance et les démentis de la réalité, il put sonder toute la vanité des choses humaines ! Son âme dut, plus que jamais alors, remonter aux sources de ce bien qu'avaient poursuivi ses efforts, de ce beau dont il avait retracé tant d'images, et se confier en cette justice divine qui voit au delà des apparences et pénètre jusqu'au fond les sentiments généreux. Il me semble le voir dans sa retraite relisant cette profession de foi, solennellement affirmée aux jours les plus brillants de sa vie, devant la plus imposante assemblée, et s'en inspirant pour écrire

ces lettres touchantes, où, en face de la mort qui s'a-
vance, il exprime sa résignation et dit—comme le ser-
viteur fidèle— que Dieu lui fait entendre son « *nunc
dimittis.* » Spectacle émouvant et instructif entre tous
ceux qui nous sont offerts par cette grande existence
que celui de cet homme, à qui le sort a départi sans
mesure les honneurs et les infortunes, demandant la
paix de ses derniers jours aux croyances affermies de
sa jeunesse, et se réfugiant pour ainsi dire dans sa
foi en une seconde vie — celle-là sans injustice!

Favre vit s'écrouler ainsi ses dernières années,
triste, morne,

> Attendant son destin sans faire aucunes plaintes (1).

mais non découragé et toujours fidèle à lui-même.

Membre du Sénat, il en suivait régulièrement les
séances, prenant encore quelquefois part aux discussions ; et quand il ne les éclairait pas par sa parole, il
cherchait à le faire par des écrits. C'est ainsi qu'il fut
amené à publier un opuscule sur la Réforme Judi-
ciaire.

Déjà, au lendemain de la Révolution de 1848, il
avait défendu, à la tribune, le principe de l'inamovibi-
lité des Juges. Il voulut toujours pour eux cette ga-
rantie nécessaire d'indépendance. Et à cette heure,
Messieurs, où la magistrature est l'objet de tant
d'attaques passionnées, n'est-il pas consolant de voir
les maîtres qui ont vieilli à ses côtés lui apporter,
comme Jules Favre, leur témoignage?

(1) La Fontaine. *Le Lion devenu vieux.*

Le Palais gardait toujours les plus vives prédilections du maître. De temps à autre, on le voyait encore
à la Barre où il apportait « les dernières lueurs de
ces grands jours qui s'éteignent. » Se laissant aller au
penchant qui l'avait toujours attaché à la jeunesse, il
revenait volontiers aussi à ses chers stagiaires.

Chaque génération conserve le souvenir de certaines
dates. La nôtre, en ce jour, reporte naturellement sa
pensée vers une solennité semblable à celle-ci, où
nous applaudissions aux dernières paroles du grand
avocat dont je viens de vous retracer la vie.

C'était le 22 décembre 1879. La conférence se
réunissait à nouveau, et en l'absence du Bâtonnier,
retenu loin de nous par un mal qui nous le devait
bientôt ravir, Jules Favre vint présider la séance.

Beaucoup parmi nous — et celui qui vous parle
était de ce nombre — se trouvaient là tout nouveaux
venus, inconnus, ambitieux de conquérir ici droit de
cité, mais ignorants encore de l'accueil affable qu'on
y trouve, pleins d'une émotion bien vive, faite de
crainte et de respect. Combien ces sentiments agitèrent
profondément leurs âmes quand, à la tête des membres du Conseil de l'Ordre, arriva Jules Favre !

Jules Favre, ce nom que nous connaissions déjà
sur les bancs de l'école ; Jules Favre, dont la parole
avait fait naître les premiers enthousiasmes de notre
jeunesse ; Jules Favre, avec l'éclat de ses triomphes
oratoires, nous apparaissait sous l'auréole glorieuse

d'un passé retentissant, et nos regards, retenus par l'admiration, ne pouvaient se détacher de lui.

La plupart de ceux qui arrivaient alors au Palais le voyaient, ce jour-là, pour la première fois. Ce n'était plus le jeune avocat de la Cour des Pairs! La taille s'était affaissée; le regard était doux et triste, mais la figure restait puissante encore sous la mélancolie qui enveloppait les traits. La voix, un peu voilée, conservait un accent harmonieux. Et quand, revendiquant le privilège de son vieil âge, qui lui donnait sur notre Bâtonnier absent le bonheur de « nous avoir aimés le premier », il rappela son attachement à notre Ordre et son affection demi-séculaire, nos applaudissements l'interrompirent maintes fois et nous nous aperçûmes qu'en parlant il avait conquis nos cœurs.

Le Barreau venait d'avoir ses adieux. Presque à la veille de sa mort *, la destinée avait eu pour lui un sourire en réservant au Bâtonnier de 1860 cette douce joie, d'ouvrir, une fois encore, son cœur plein de bonté aux fils de ceux qu'il avait formés à ses leçons. Ce furent eux qui l'accompagnèrent au seuil de ce Palais qu'il ne devait plus franchir, et ils aiment à se souvenir qu'ils ont été les derniers à acclamer Jules Favre.

Ce grand maître rappelait un jour que Plutarque a dit, en comparant Démosthènes et Cicéron, que

---

* Il mourut le 19 janvier 1880.

« ce qui a fait leur puissance, ce qui les a unis, c'e
« qu'ils aimaient leur patrie et qu'ils l'ont servie p
« la liberté. »

Si, à notre tour, nous souvenant que Cicéron fut
modèle préféré de Jules Favre, nous voulions auss
sans prétendre comparer le disciple et le maîtr
rechercher par quels traits ils sont unis, nous dirior
qu'ils furent tous deux grands dans l'éloquence jud
ciaire plus encore que dans l'éloquence politiqu
tous deux accoutumés à puiser leurs inspiratior
aux sources les plus hautes et les plus pures de l
philosophie ; tous deux merveilleusement habiles
développer leurs pensées dans des discours où « l
« perfection générale nuit seule aux effets particu
« liers » * ; tous deux appelés à diriger leurs conc
toyens par leur parole et à exercer la puissance pu
blique dans des temps troublés ; tous deux de
adversaires indignés de Catilina ; tous deux des vain
cus de Pharsale ; tous deux destinés à connaître le
amertumes de la vie, non moins que les enivrement
du succès ; — mais ce qui les unit surtout, c'est qu
tous deux « aimaient leur patrie et qu'ils l'ont servi
« par la liberté. »

* Villemain, sur Cicéron.

ALCAN-LÉVY, imprimeur breveté, rue Lafayette, 61, Paris.

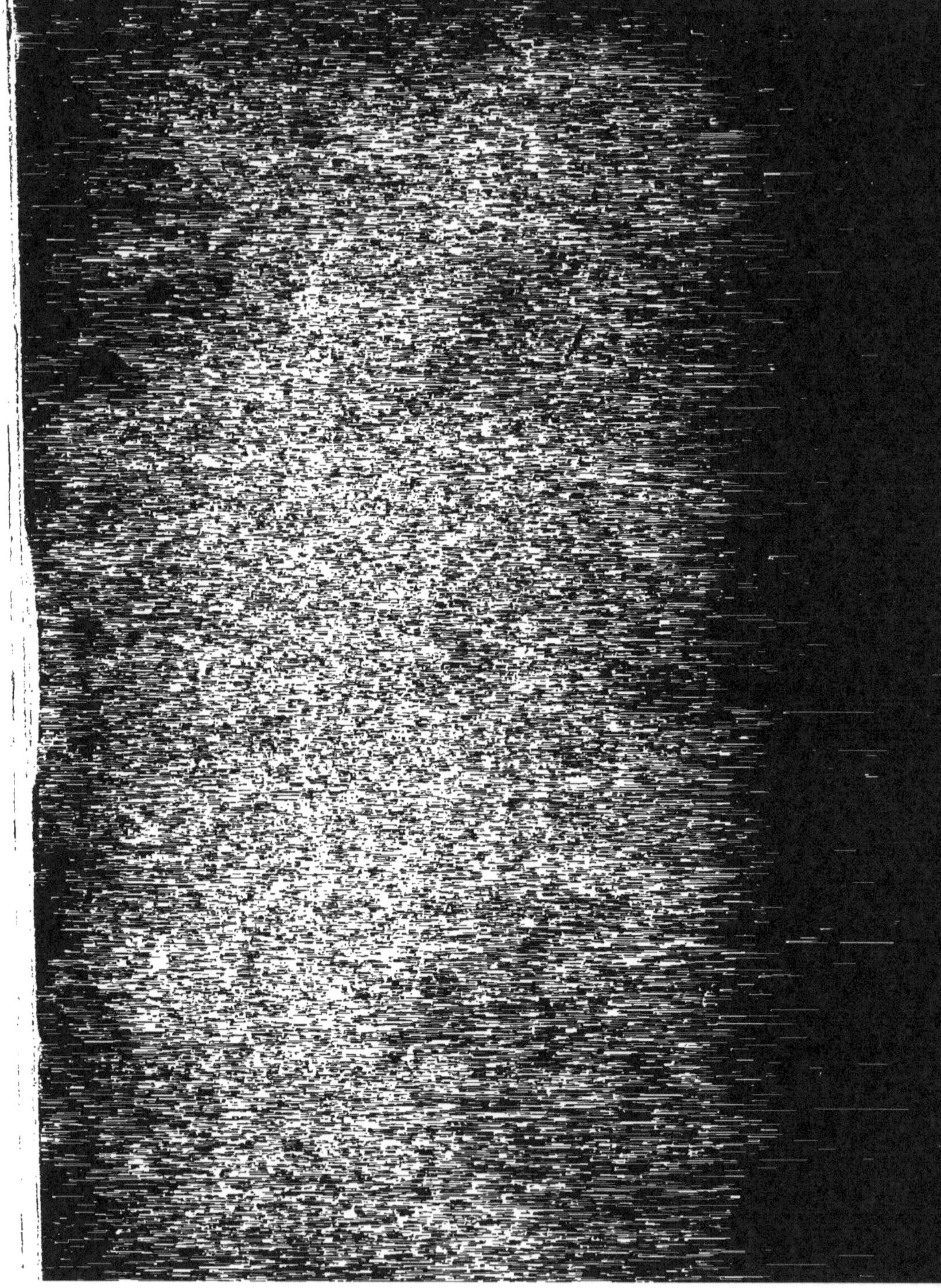